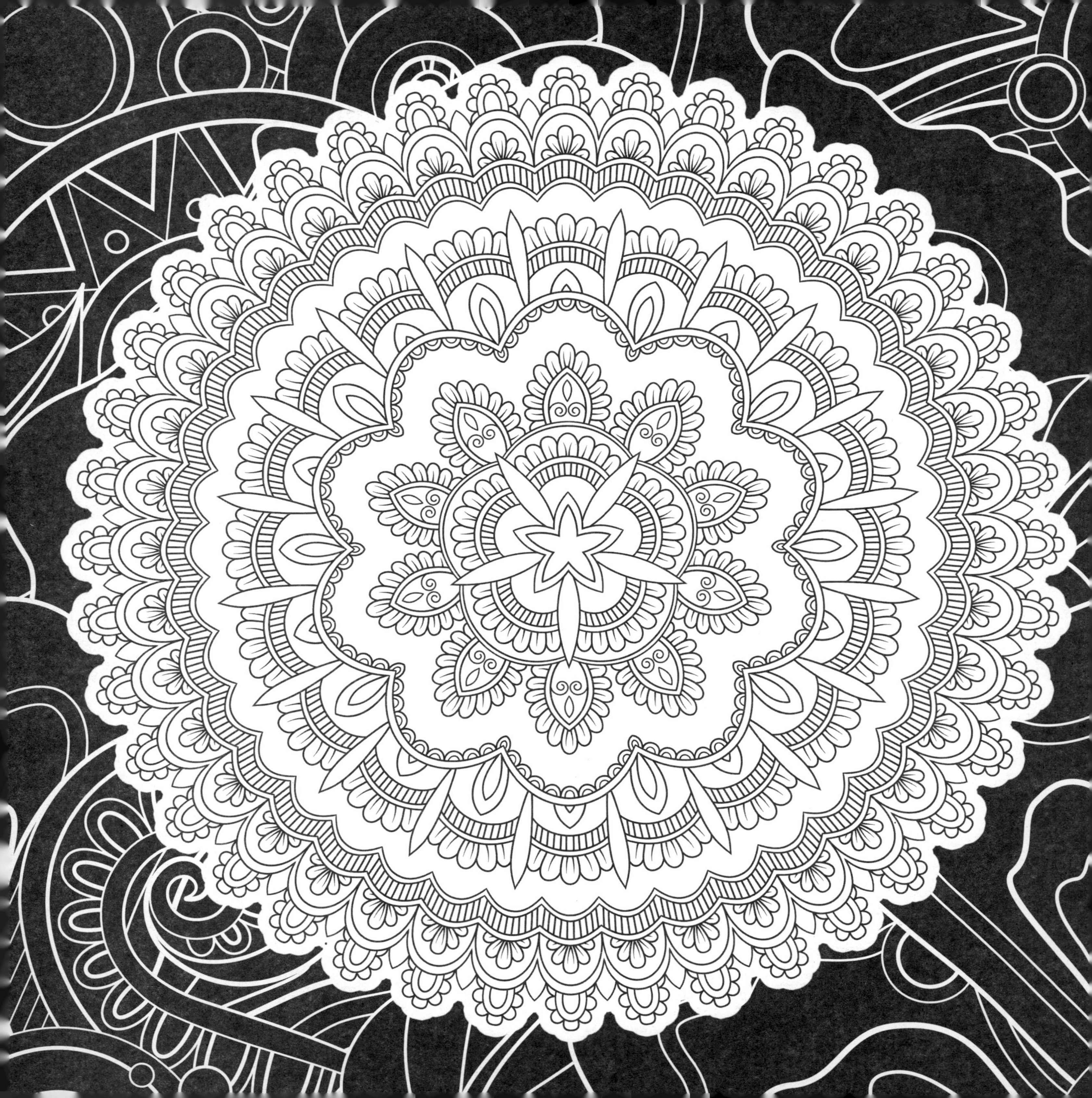

MANDALAS

Volumen 5

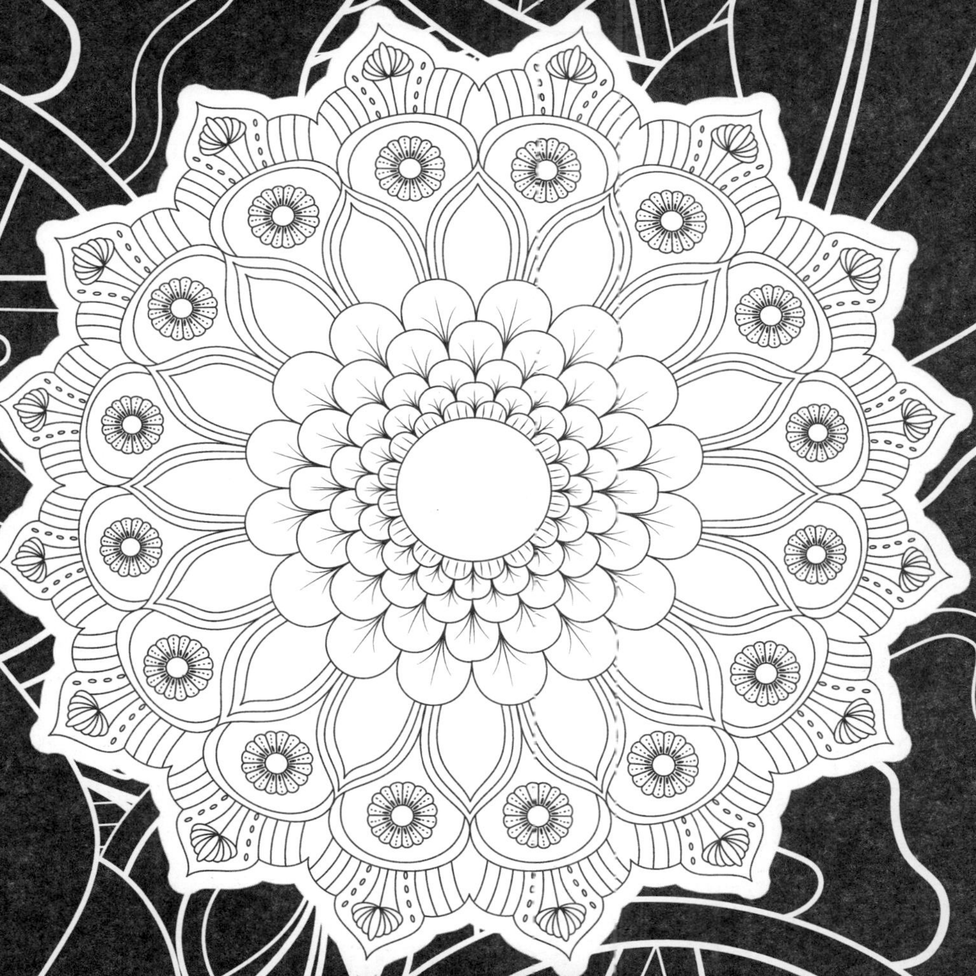

ediciones rodeno

LIBRO DE COLOREAR PARA ADULTOS

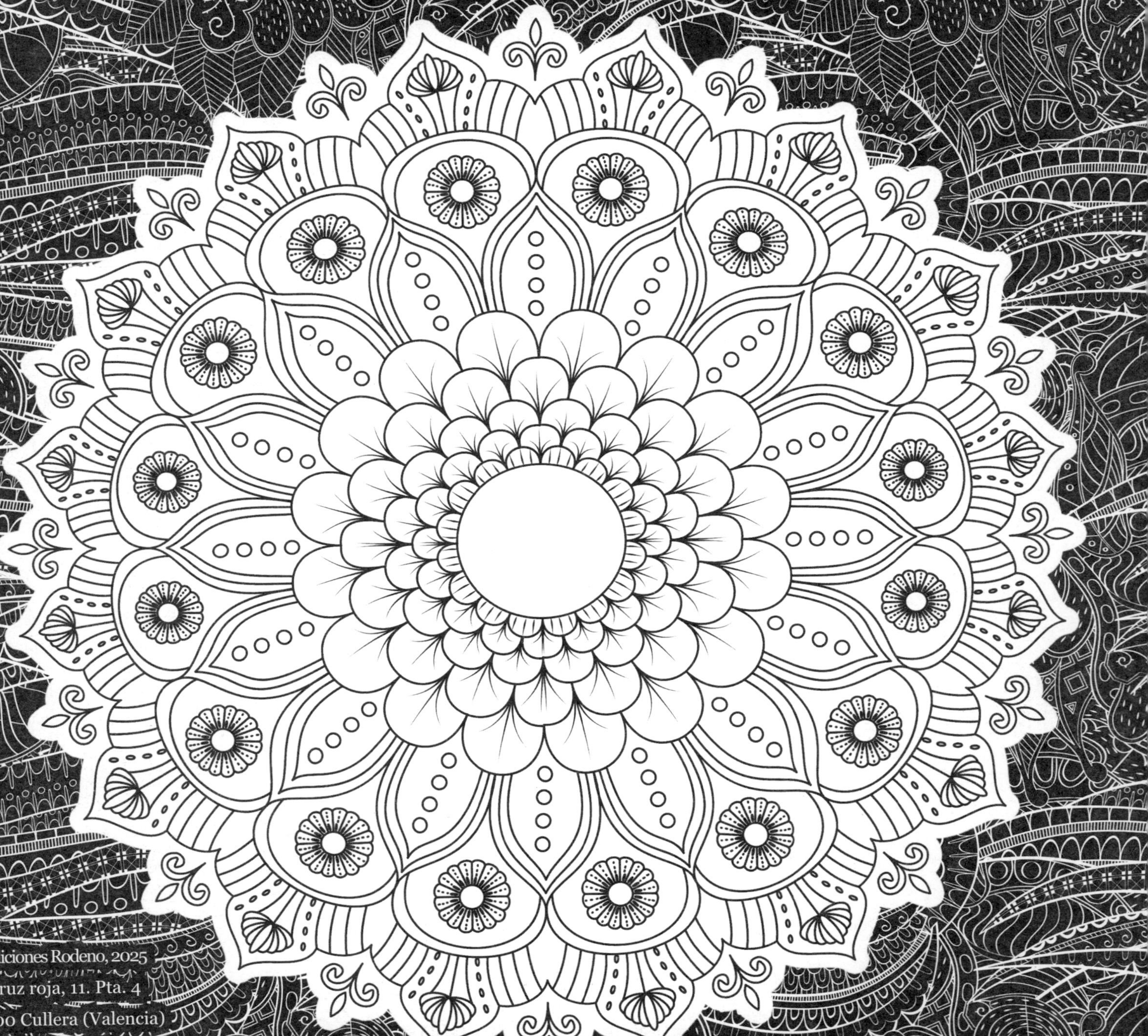

C/ Cruz roja, 11. Pta. 4
46400 Cullera (Valencia)
www.edicionesrodeno.com
ISBN: 978-84-128021-6-0
Impreso en España / Printed in Spain

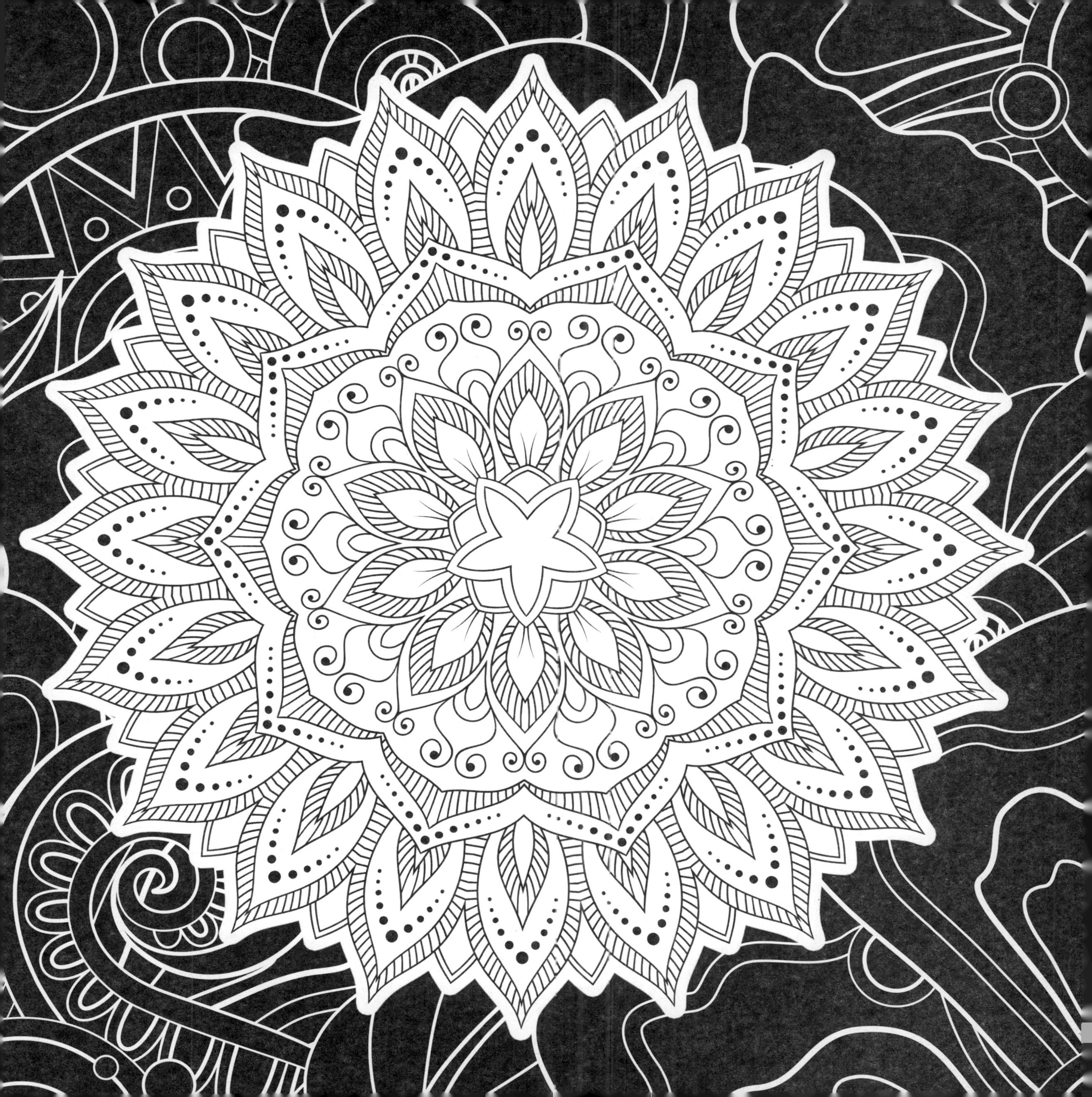

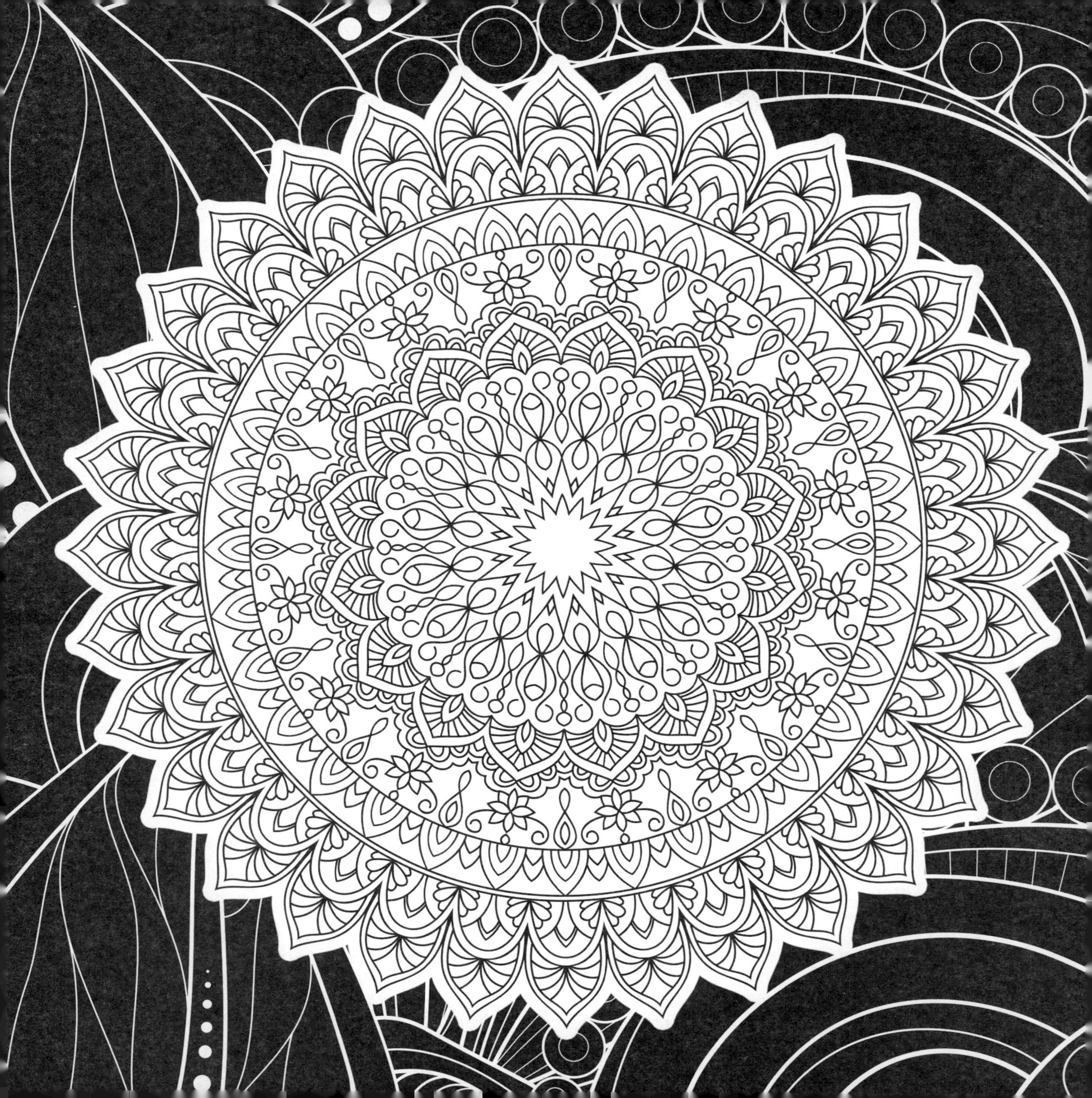

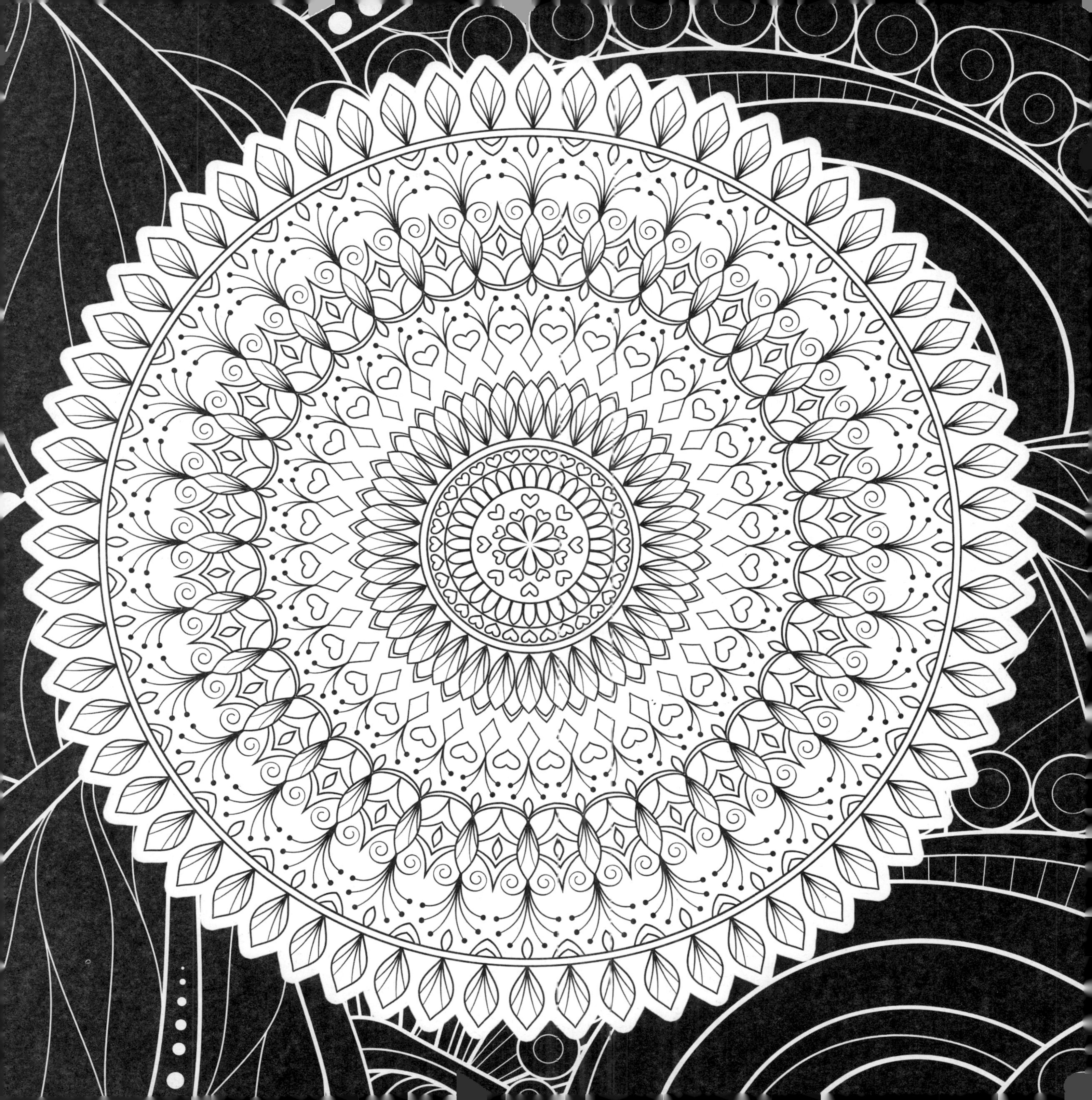

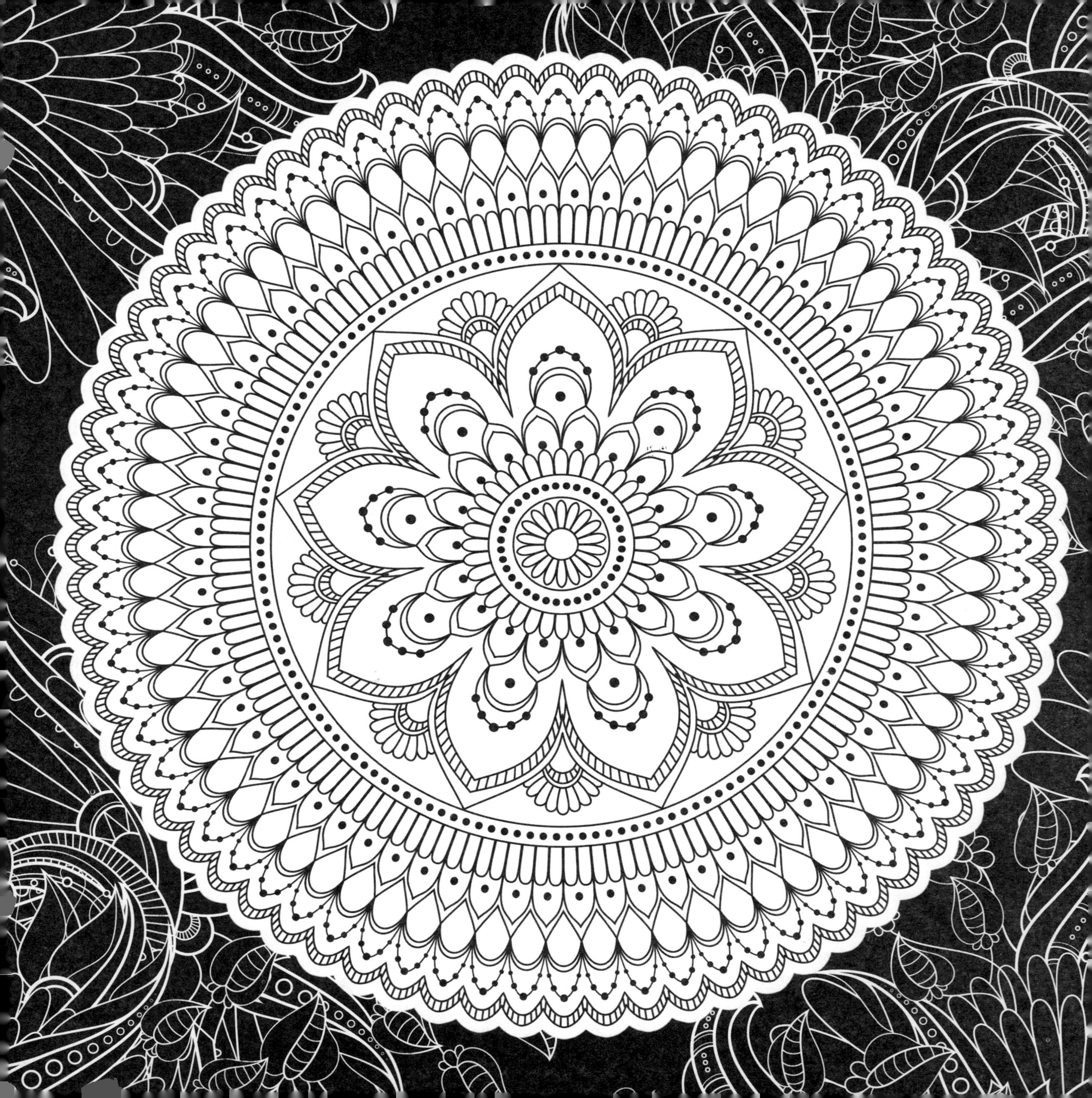

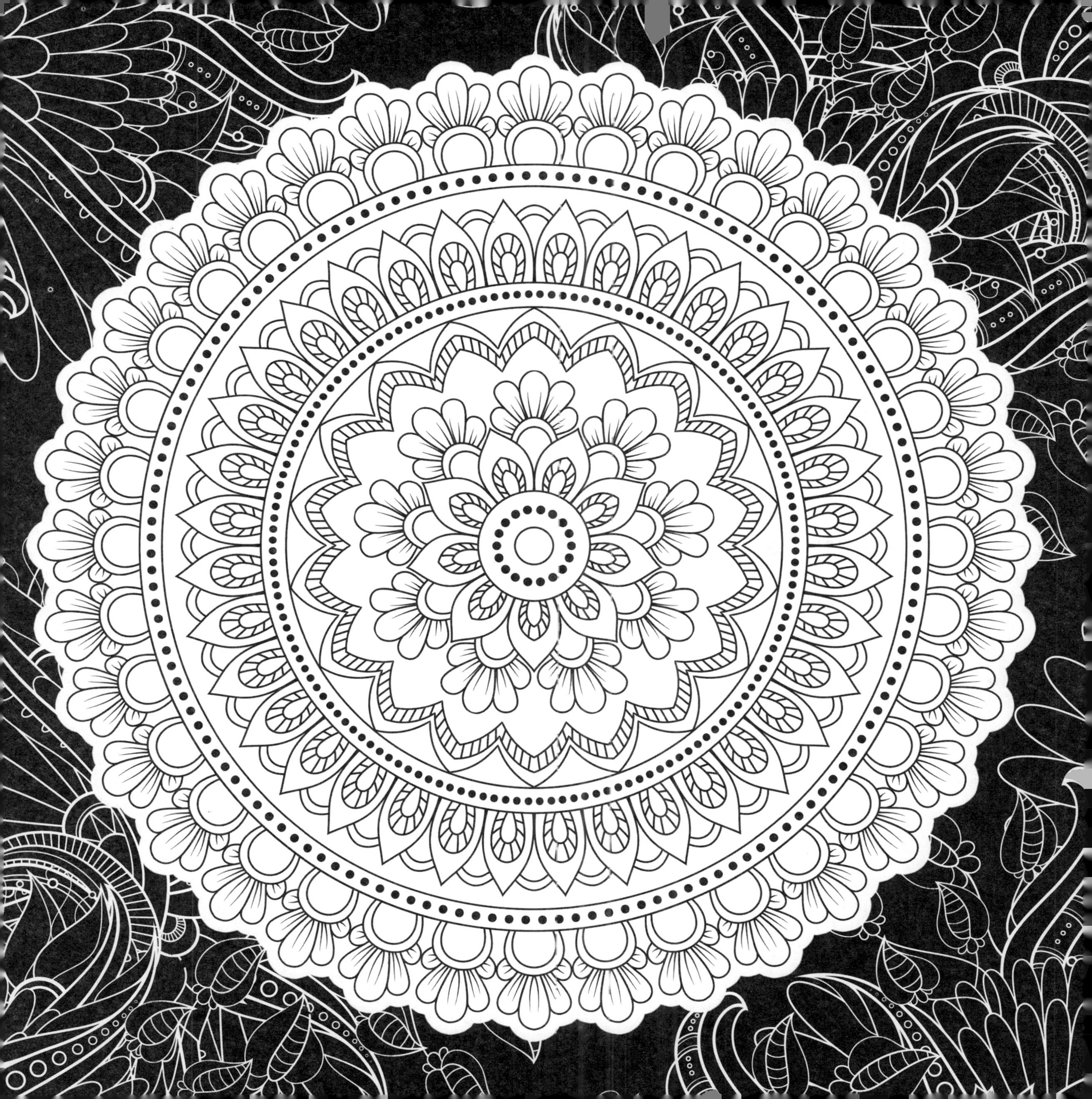

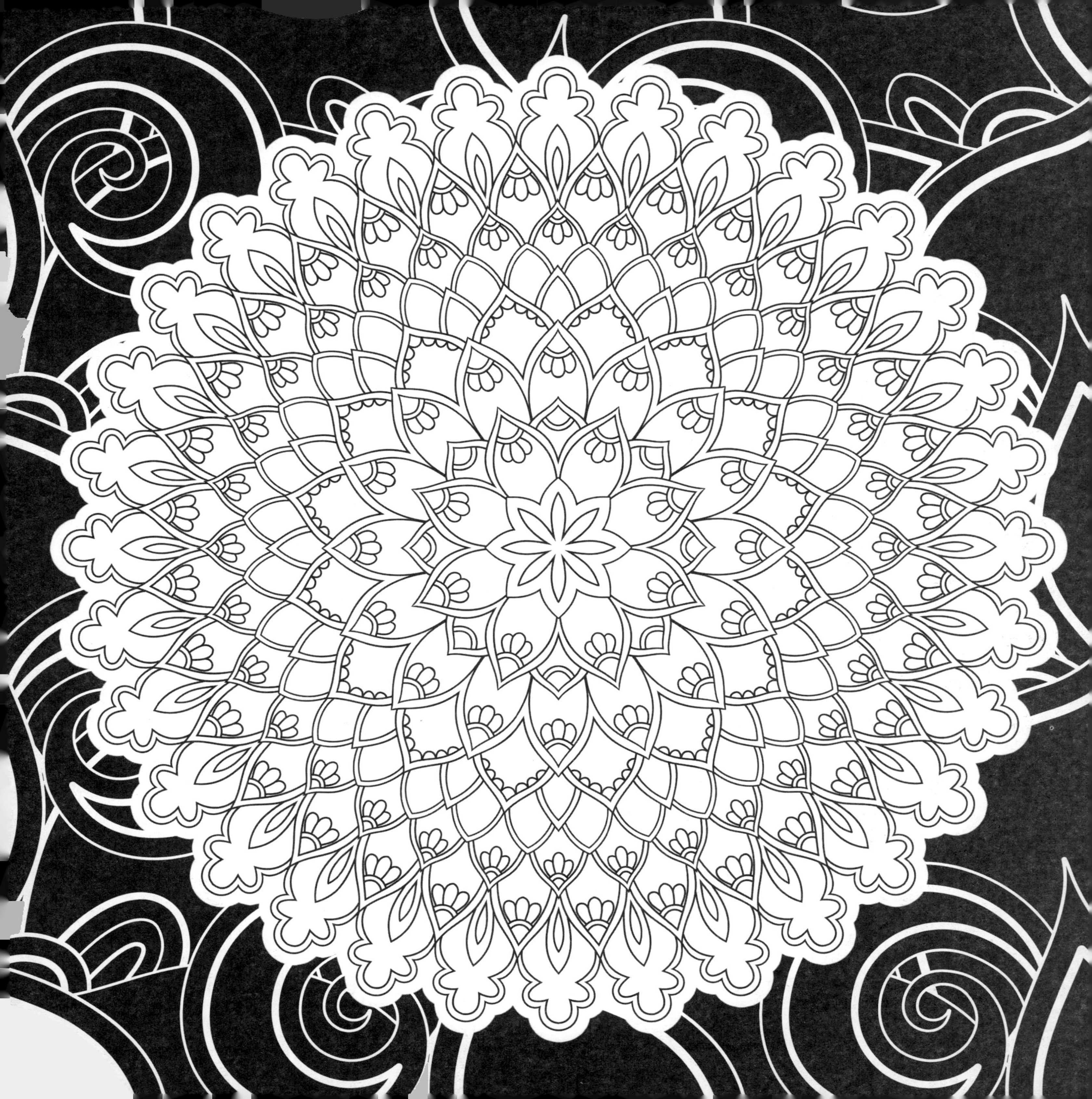

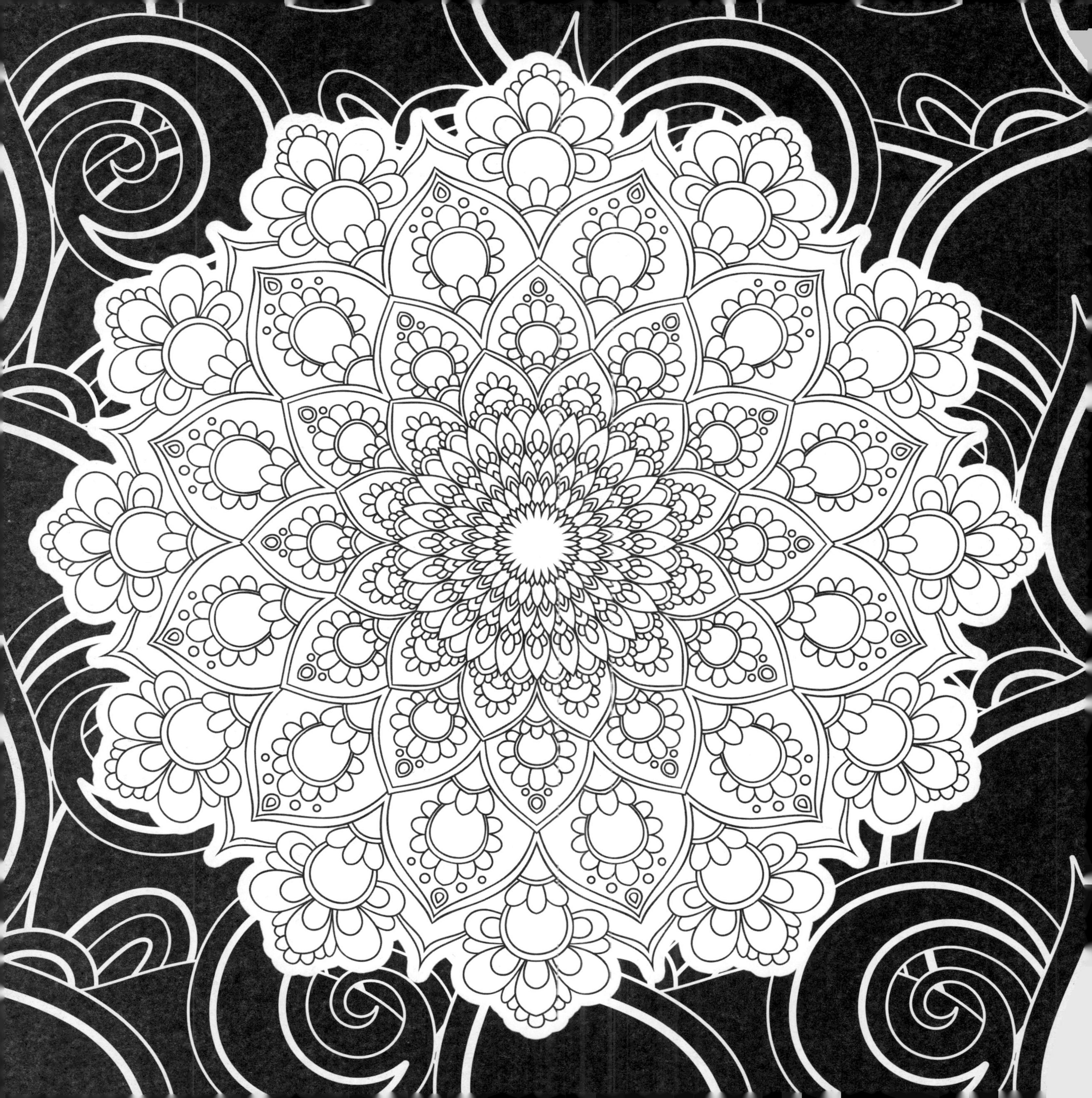

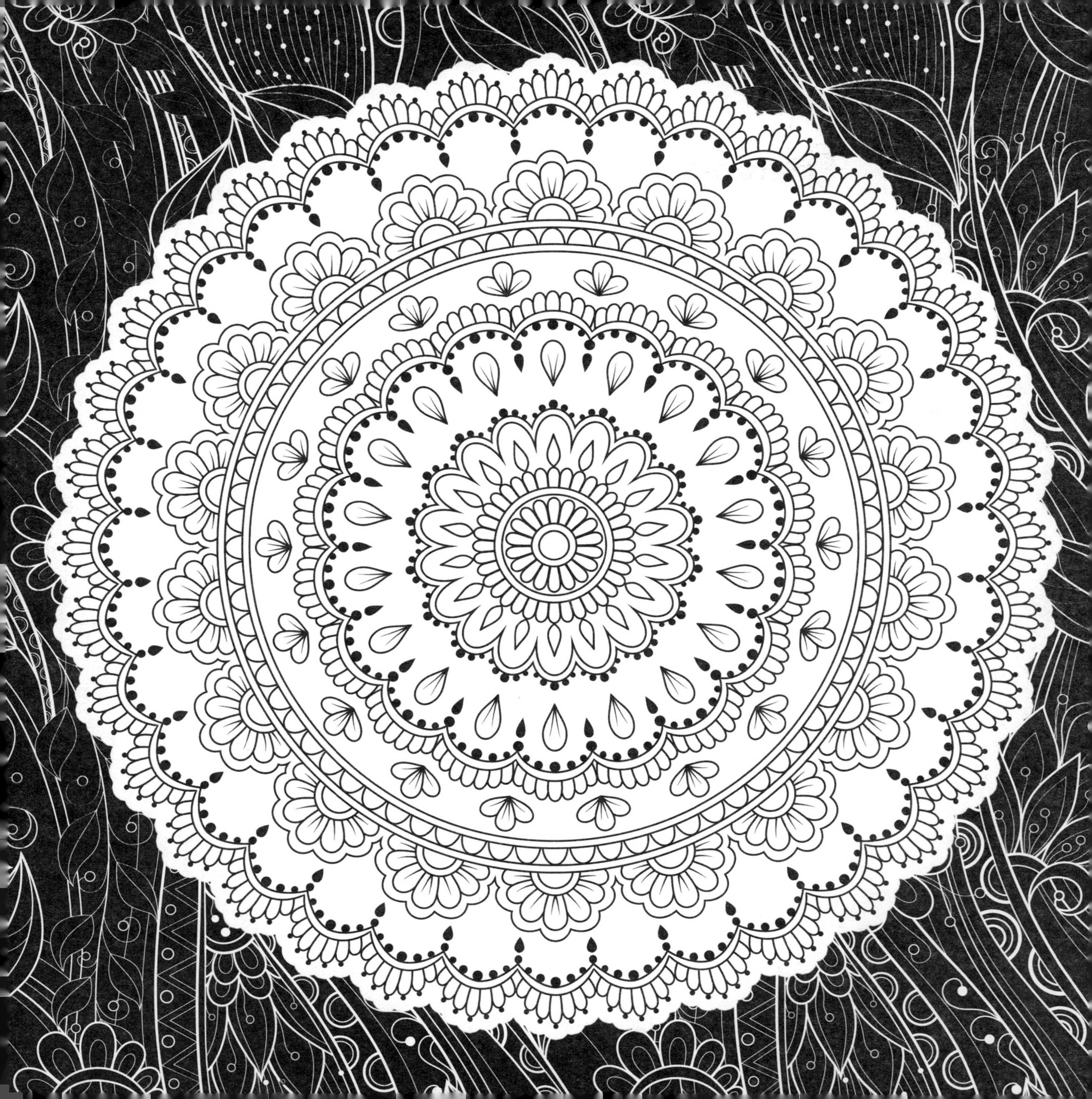

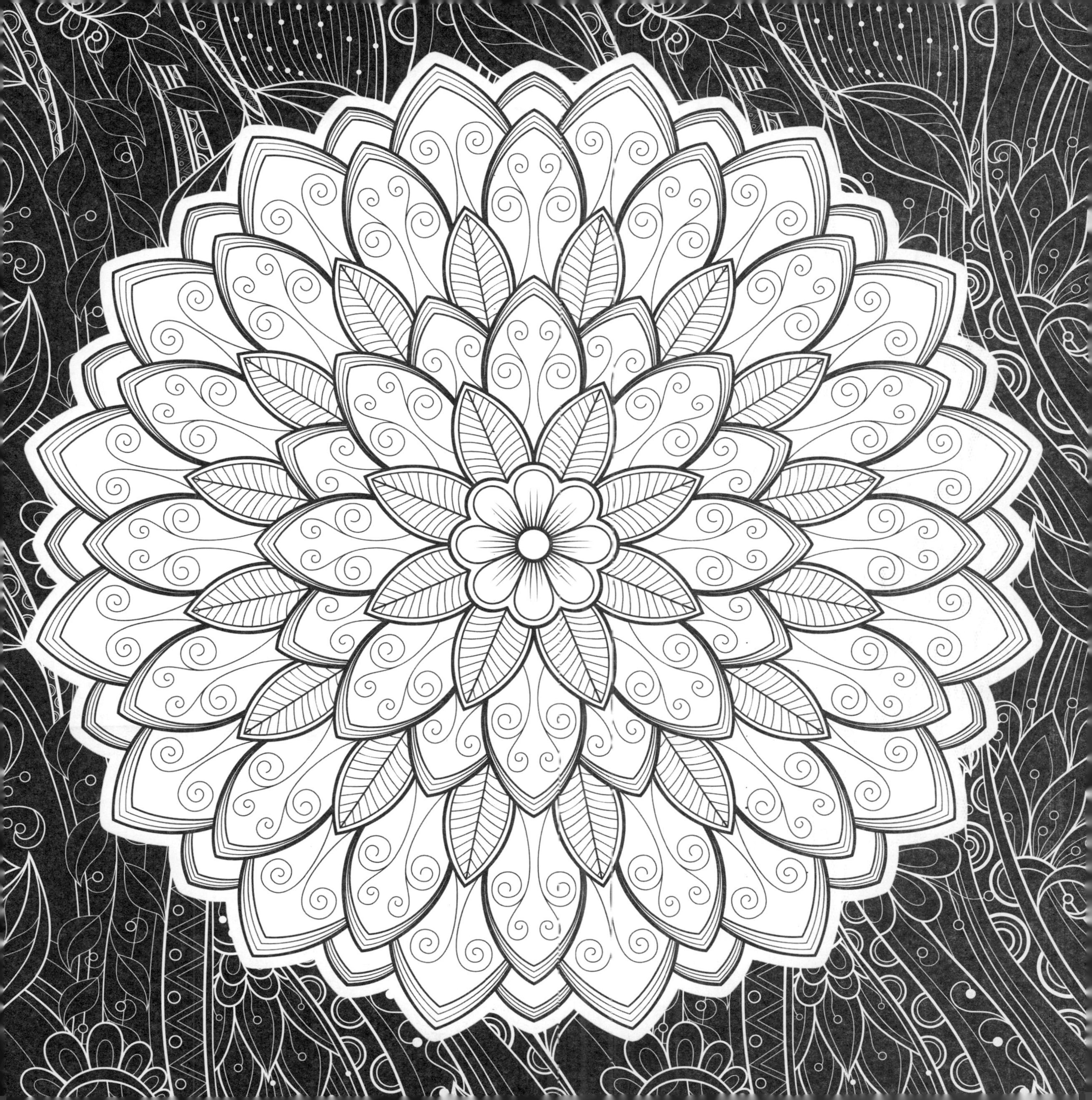

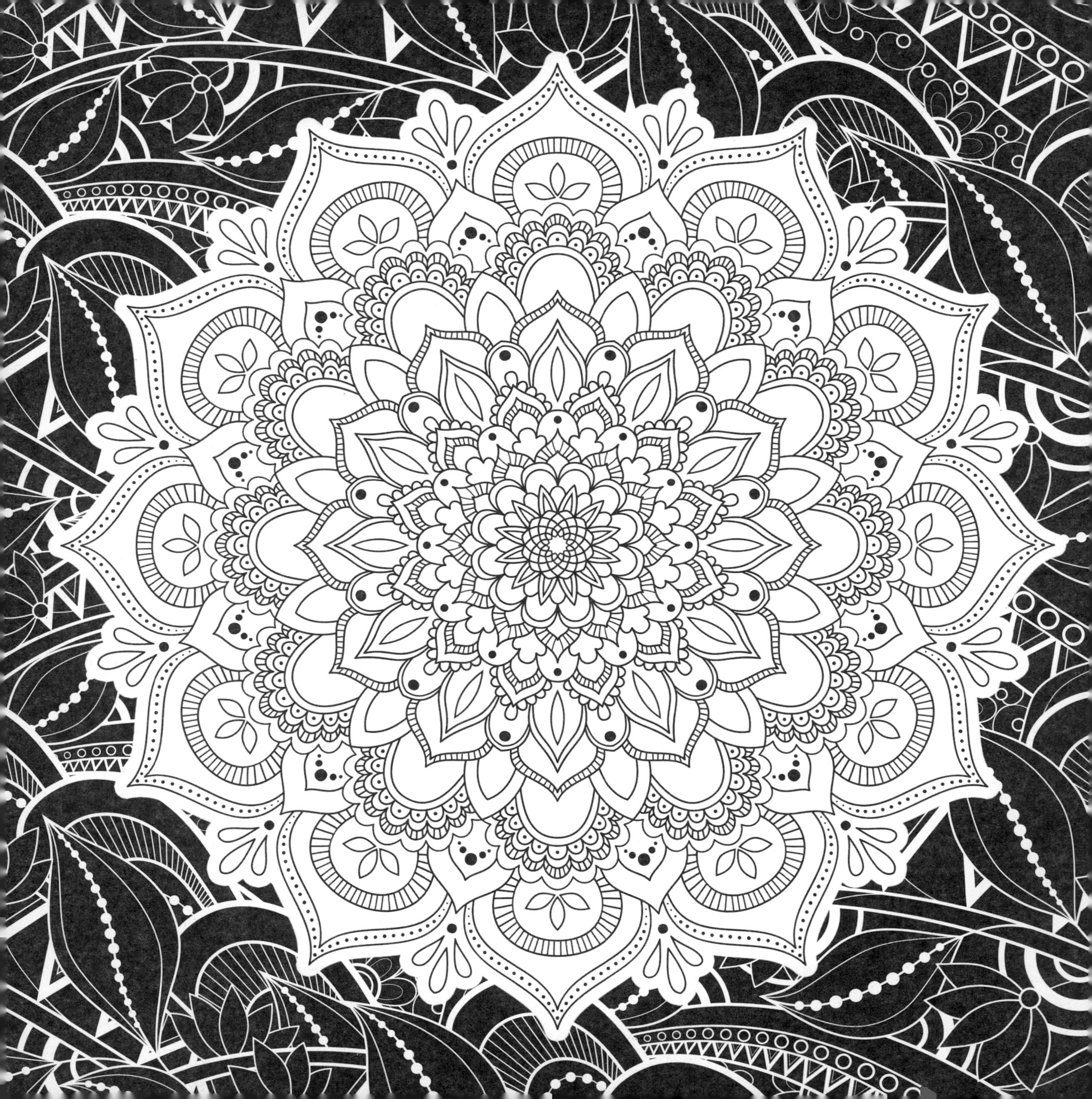

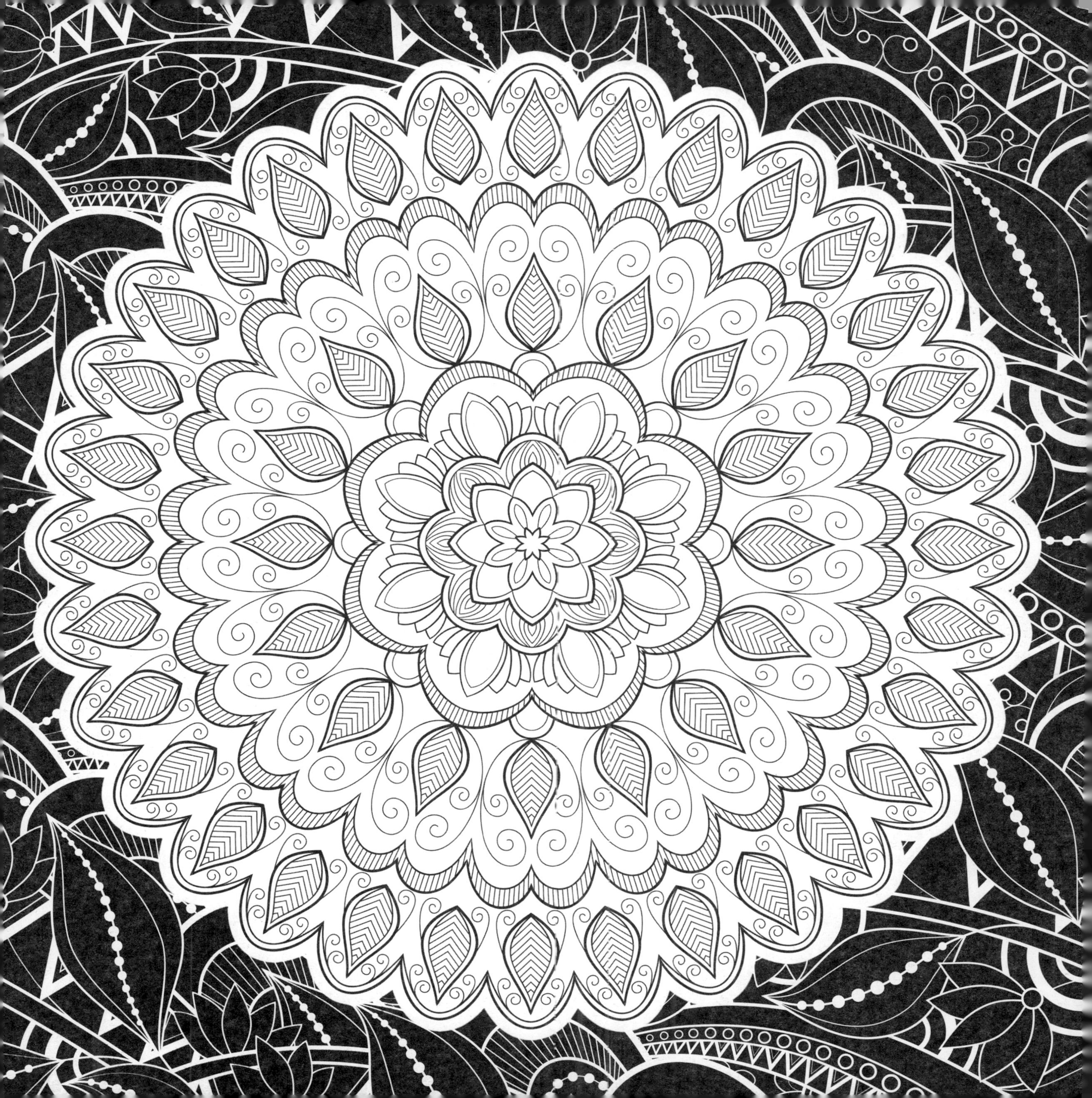

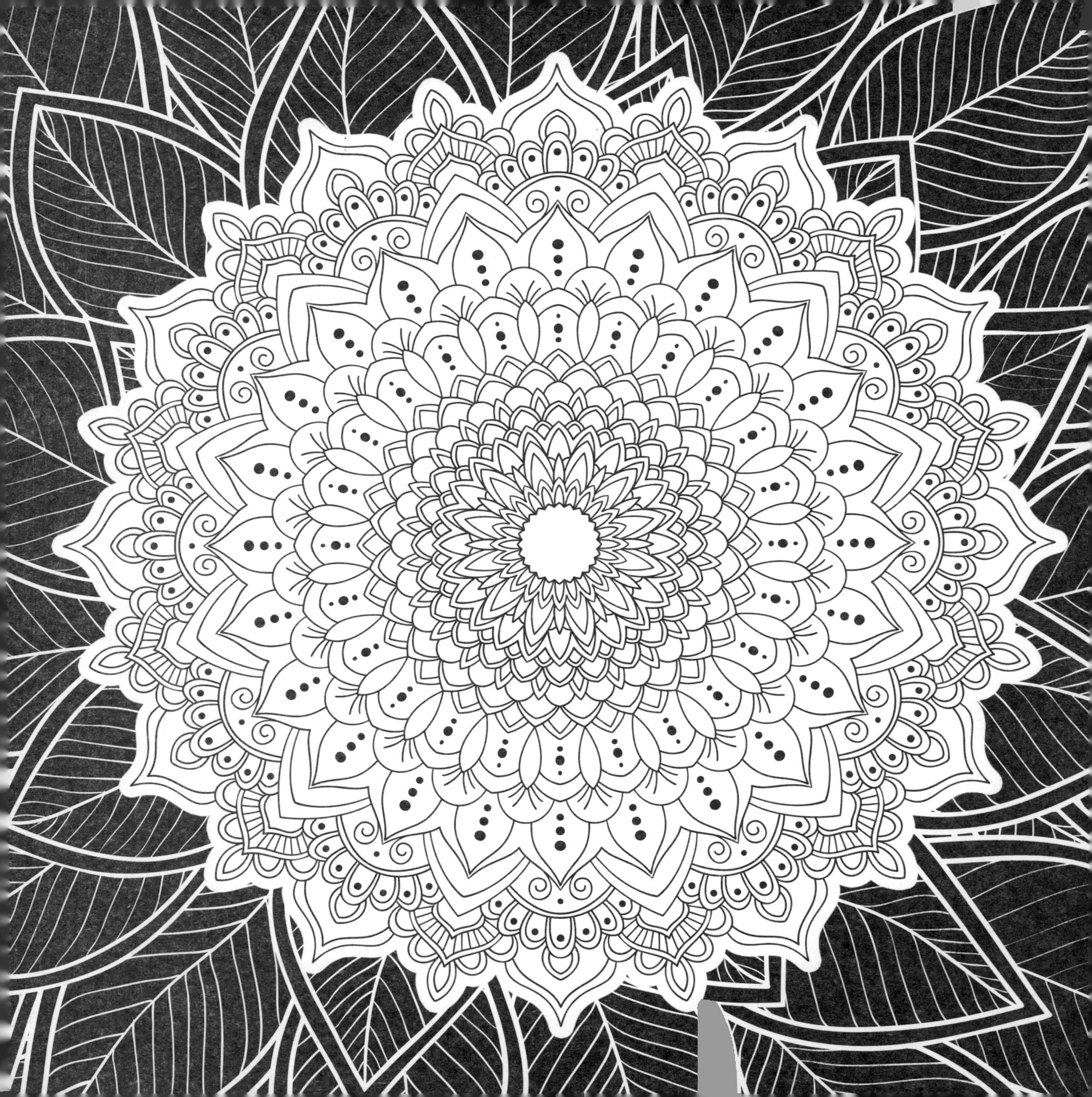

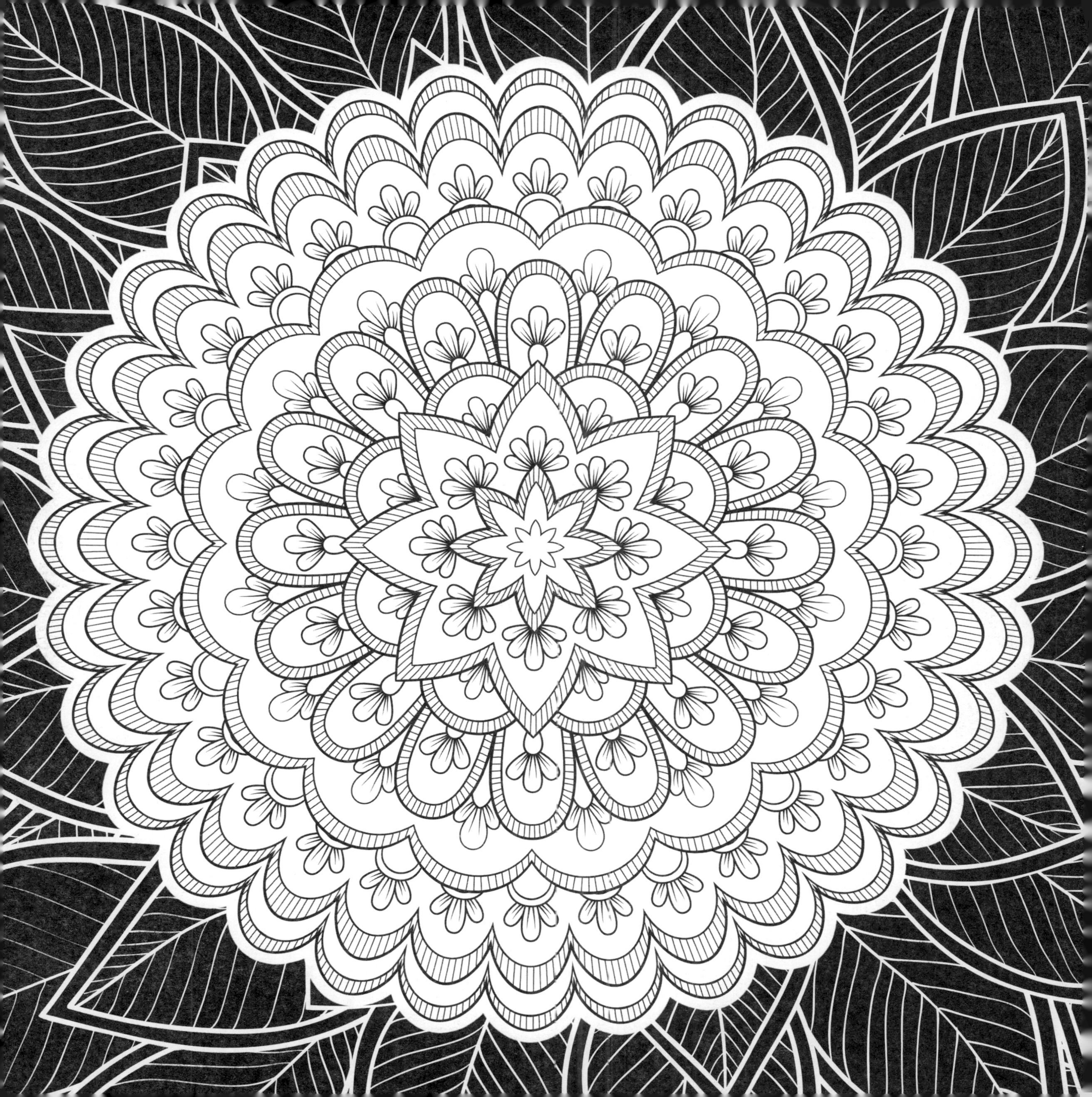

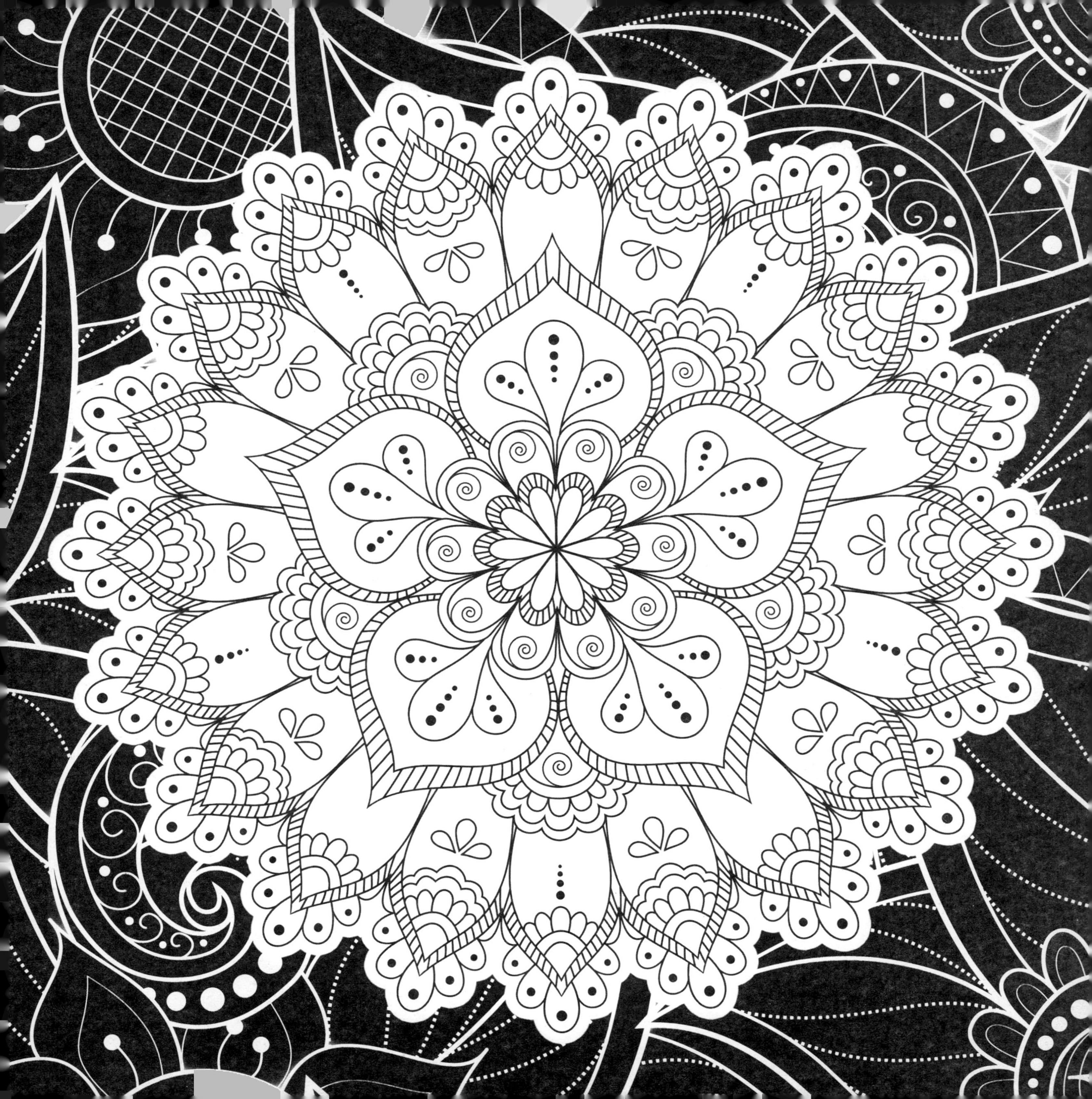

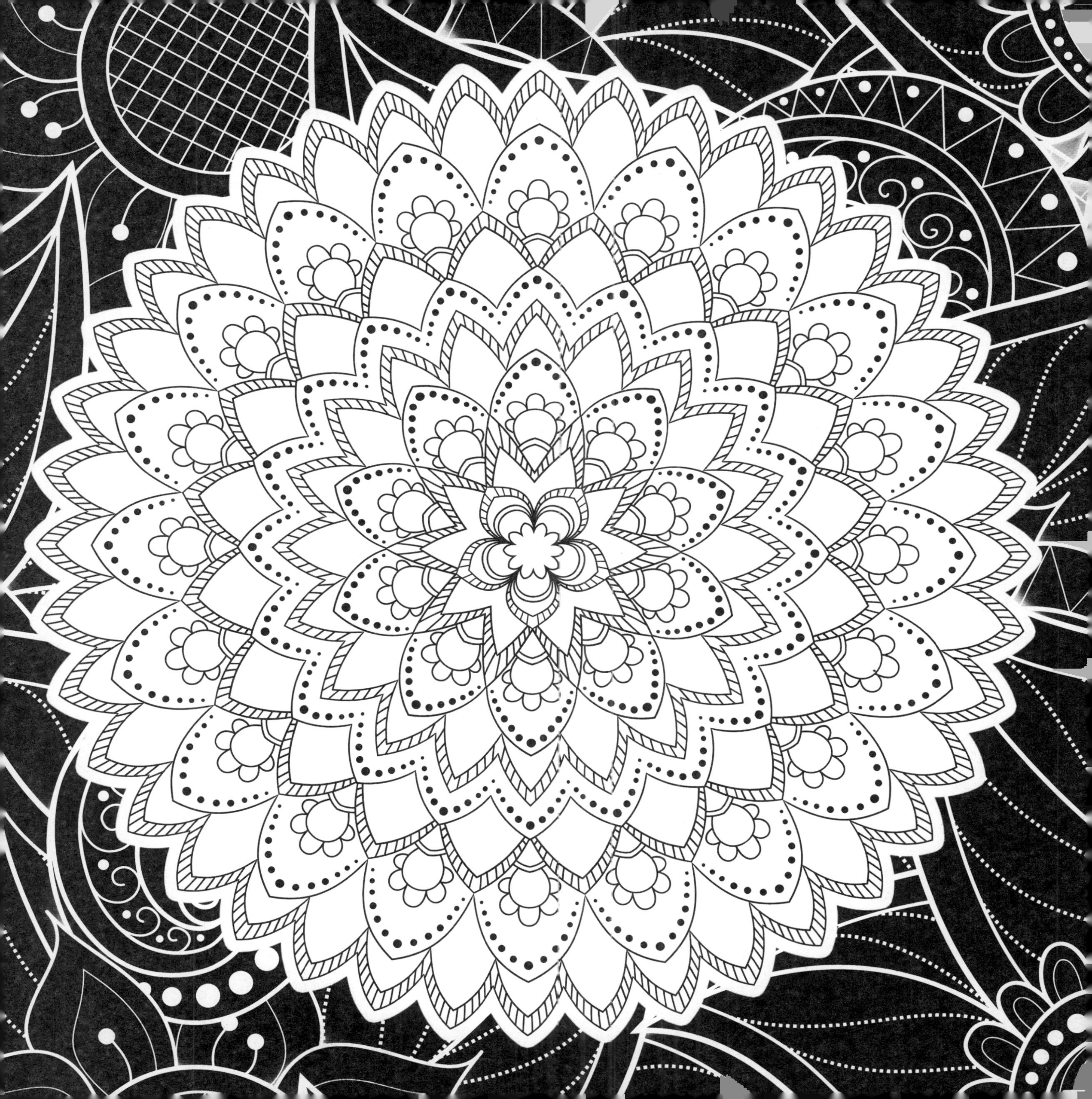

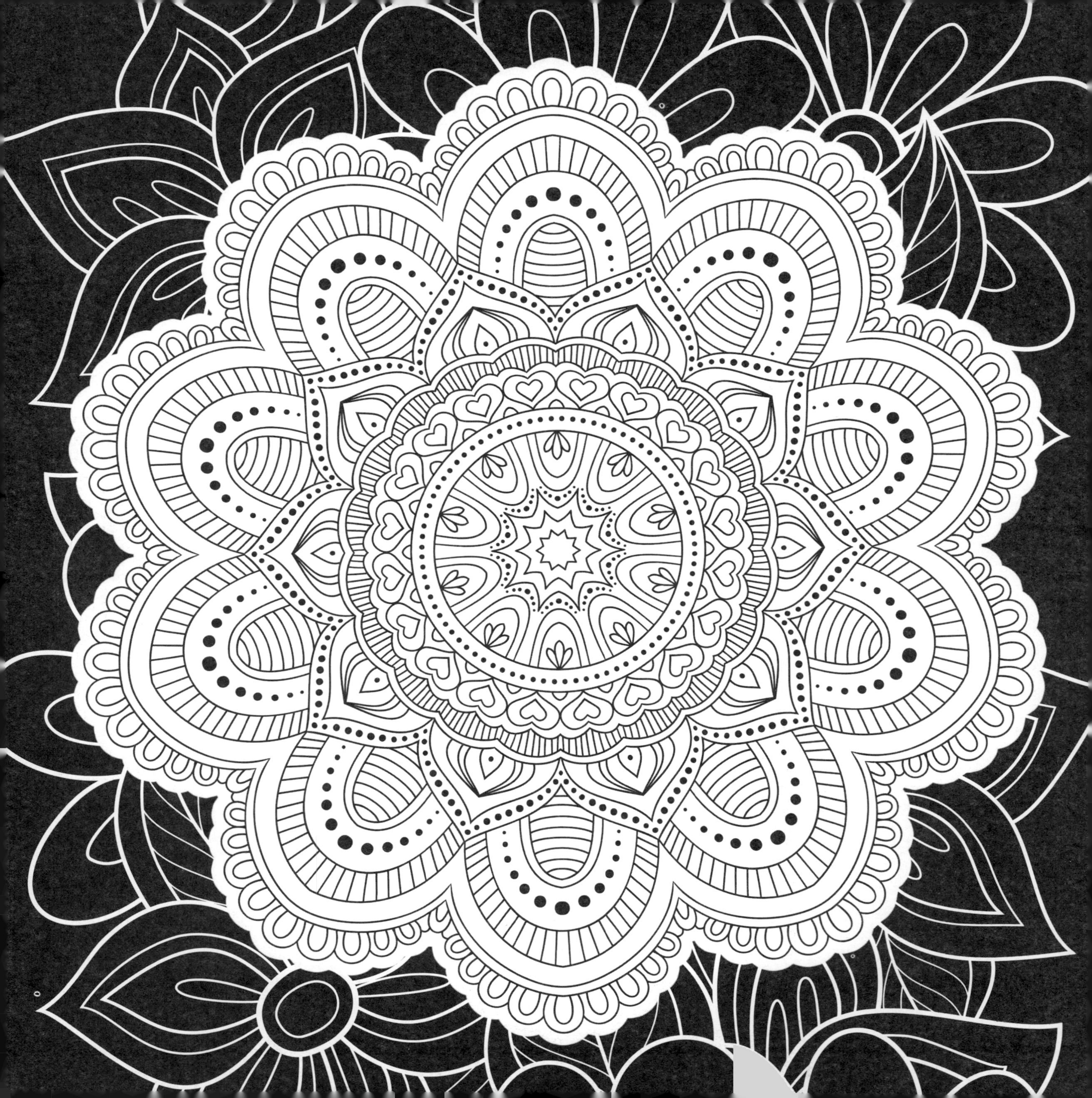

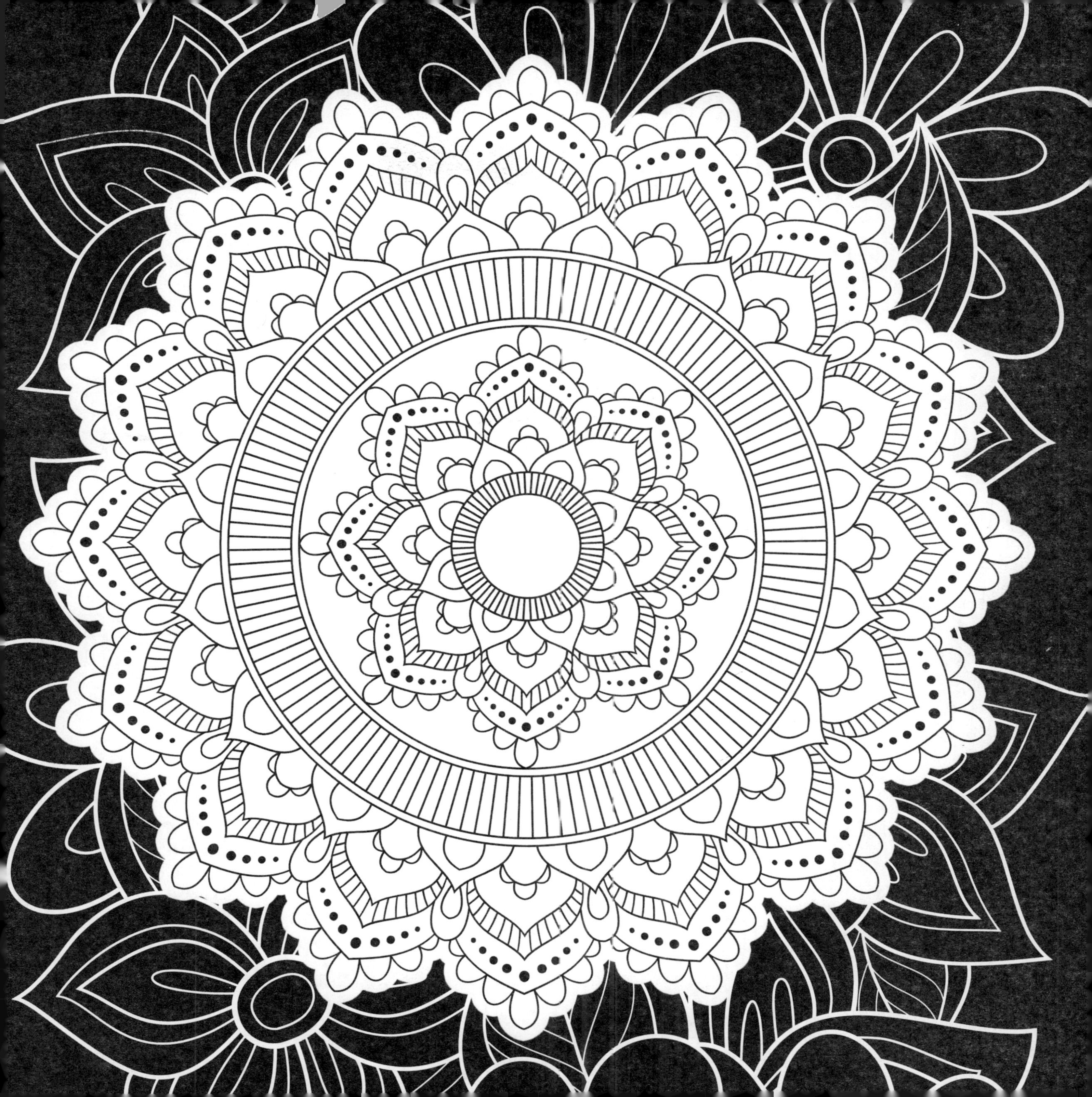

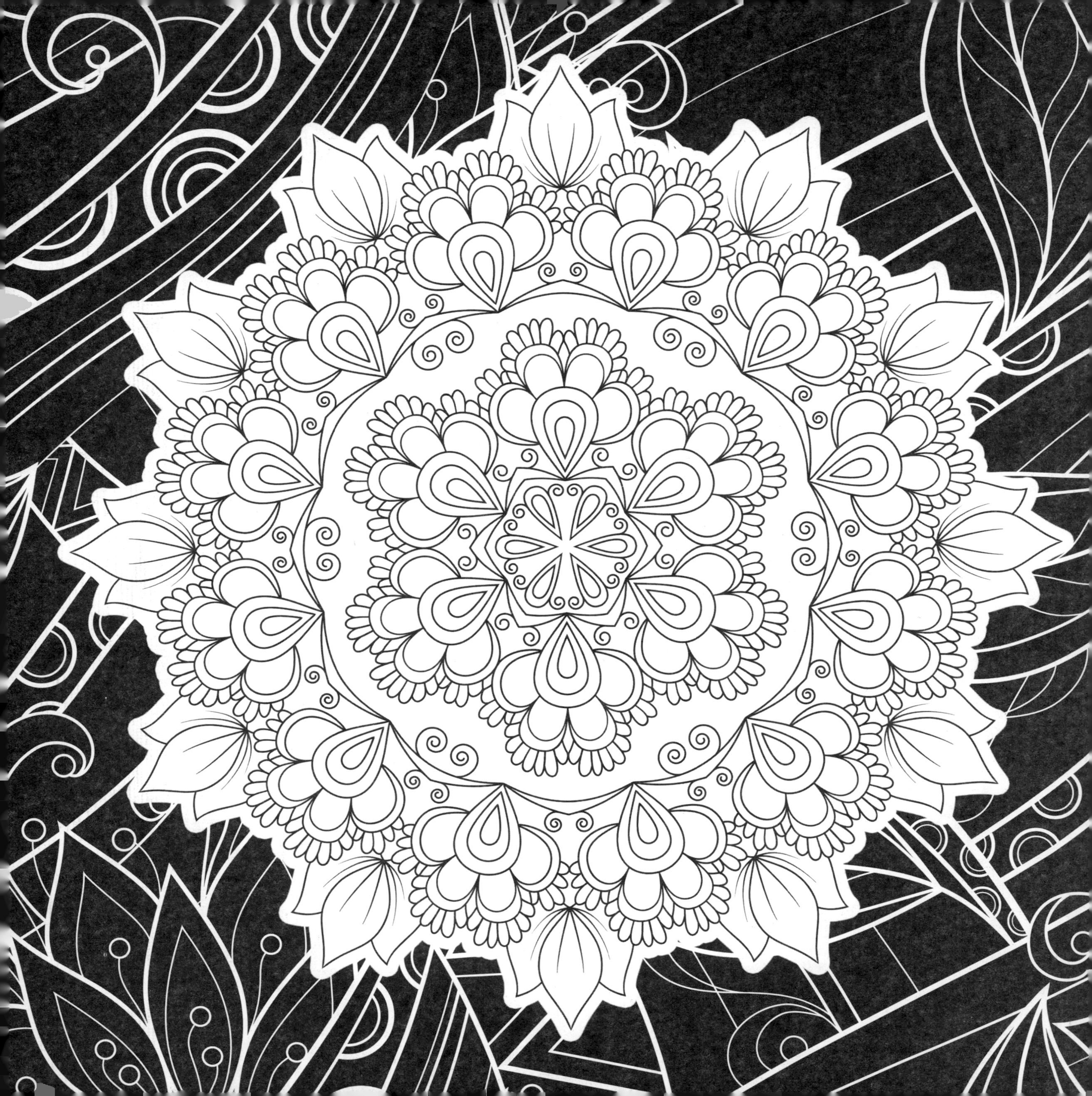

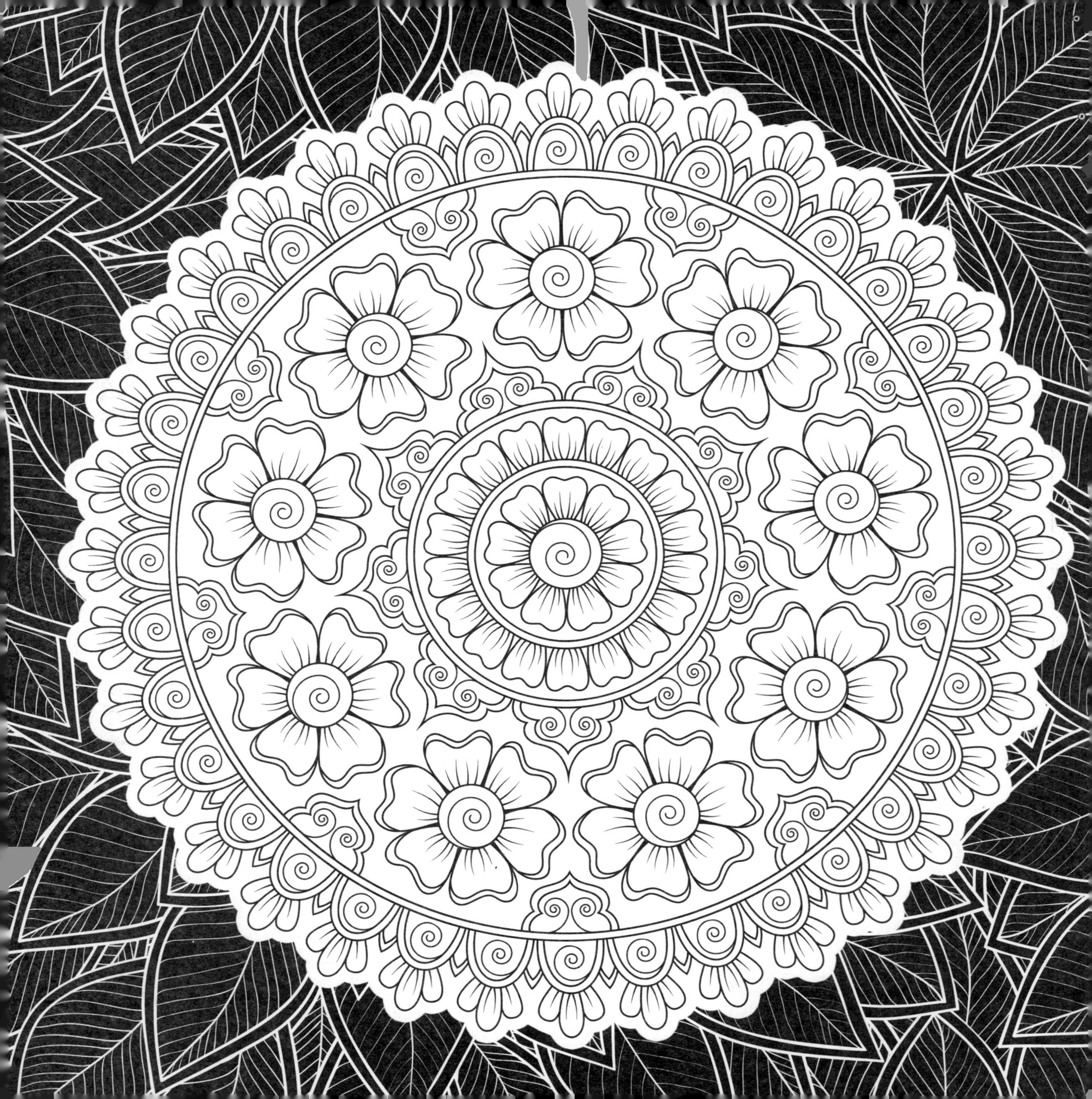

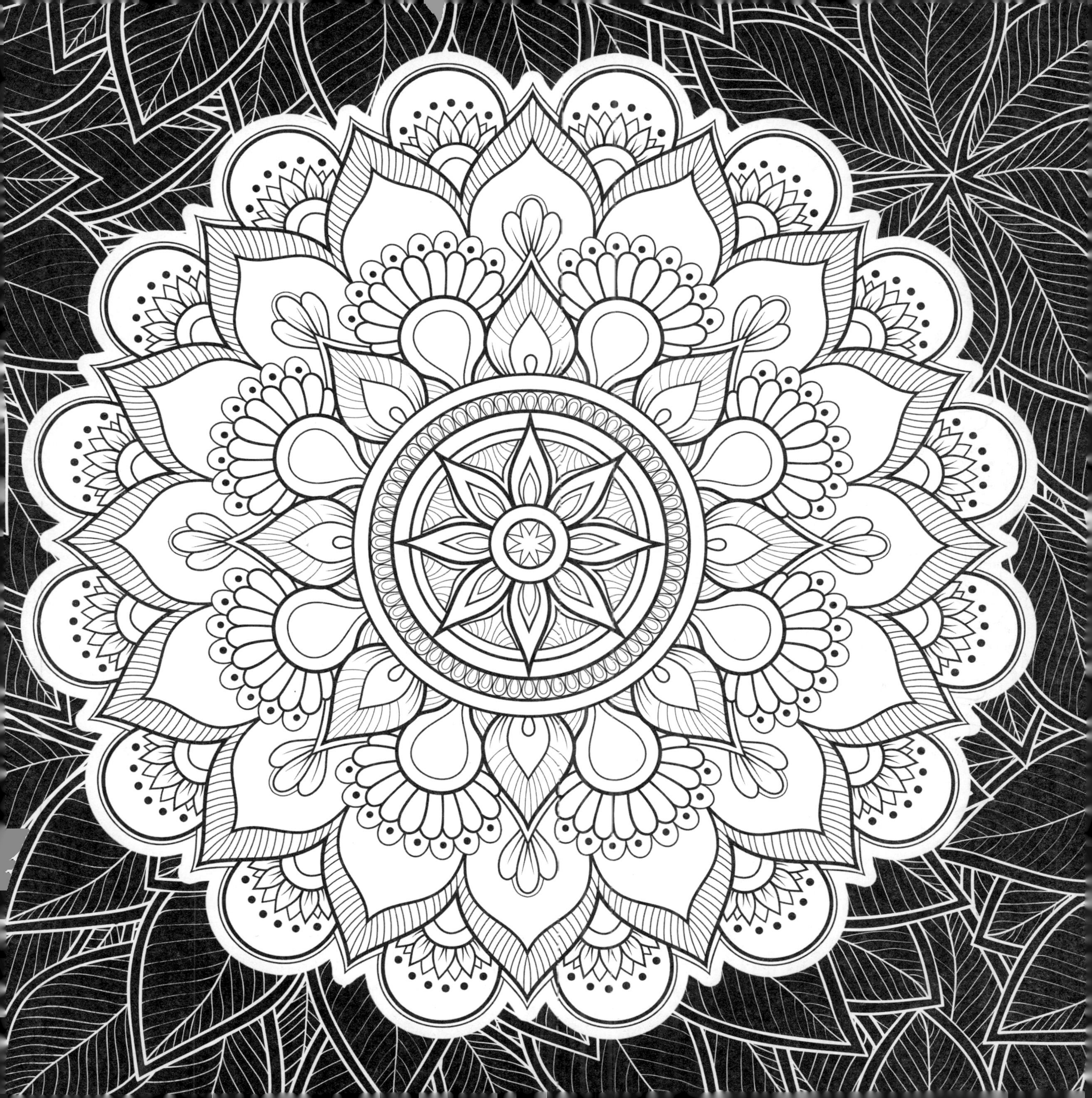

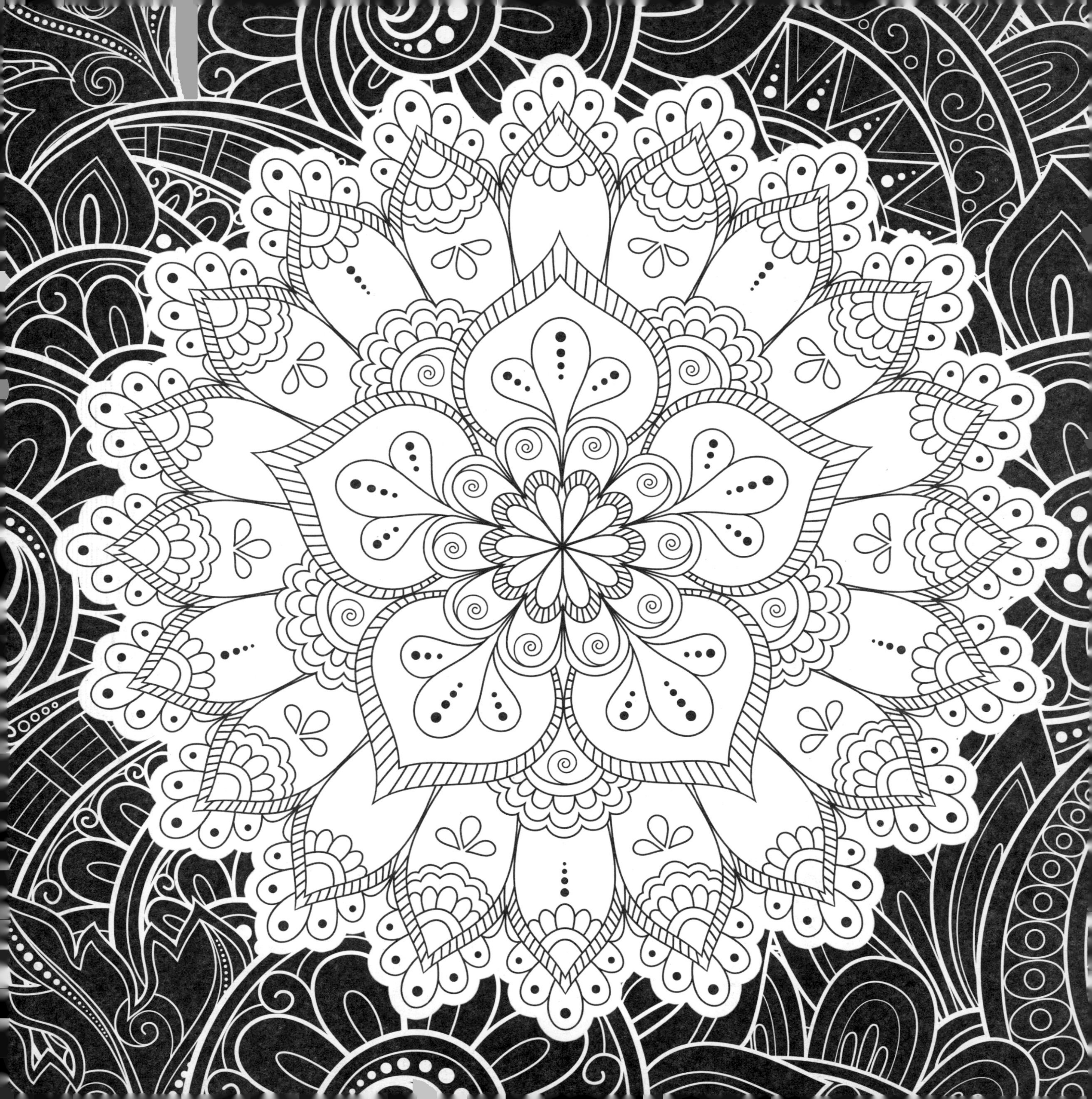

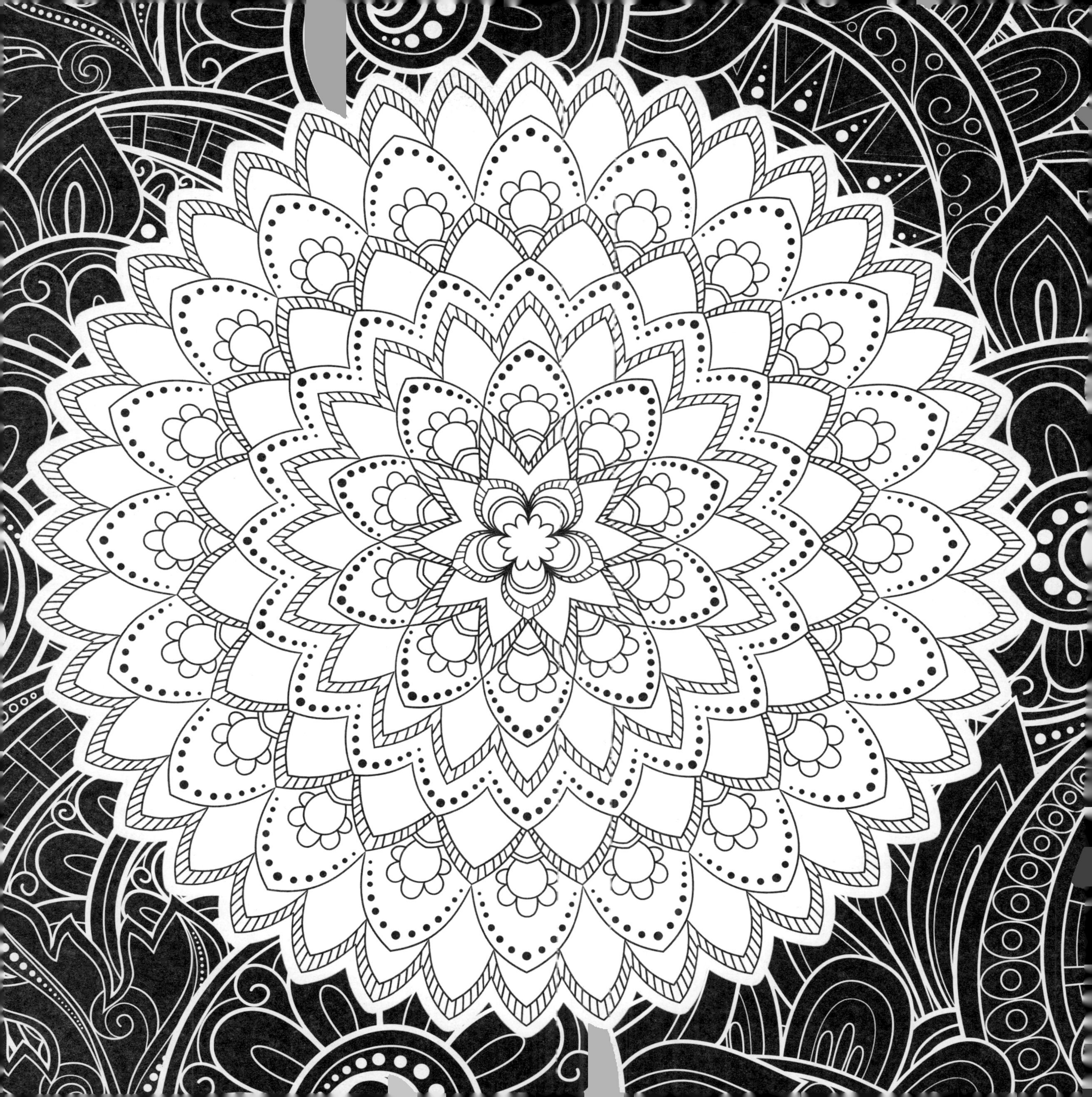

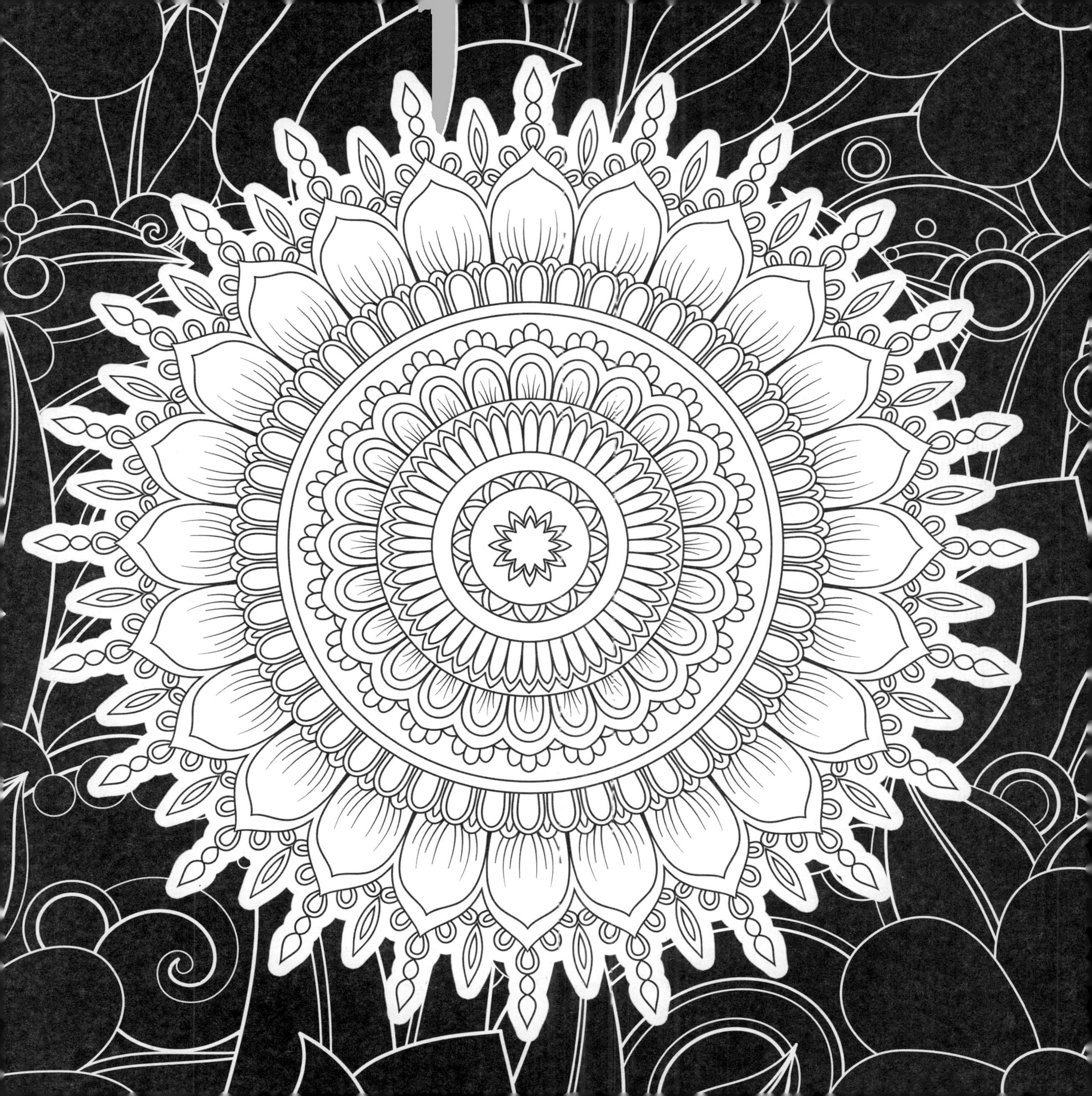

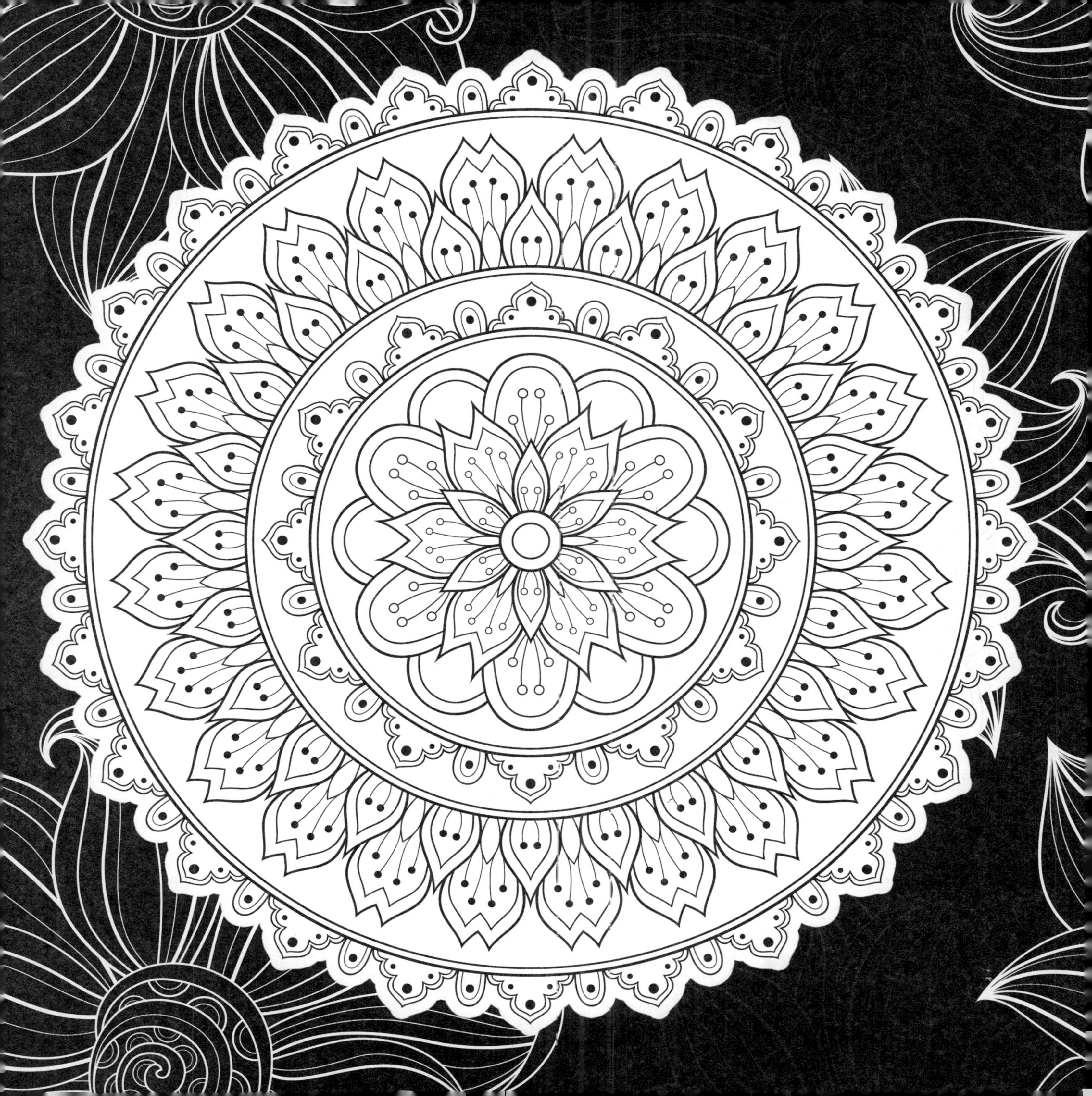

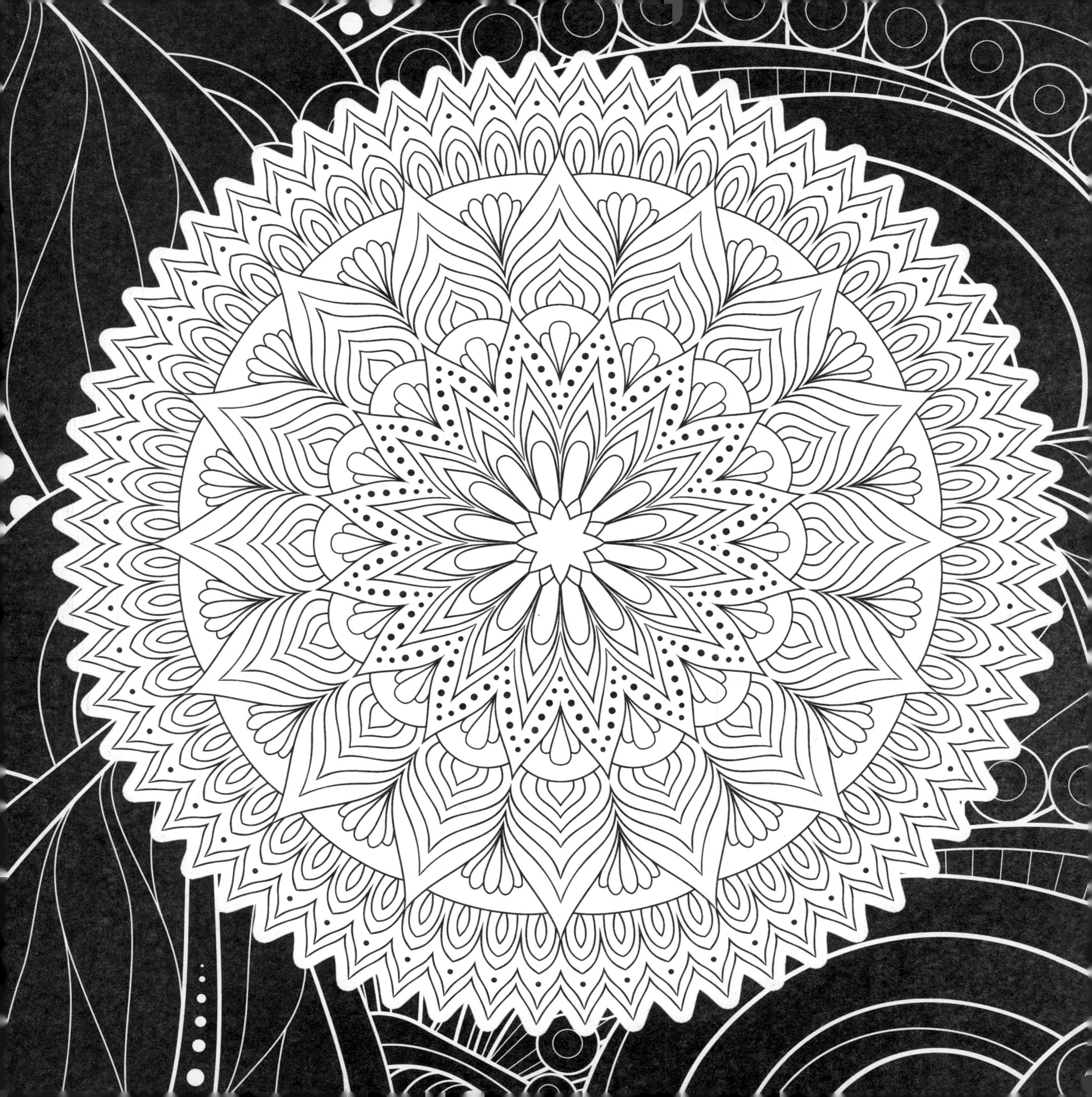